DUELO POR ALPINISMO

ACEPTANDO LA DESAPARICIÓN Y LA MUERTE

PiA CALZÁ

Reservados todos los derechos. No se permite la reproducción total o parcial de esta obra, ni su incorporación a un sistema informático, ni su transmisión en cualquier forma o por cualquier medio (electrónico, mecánico, fotocopia, grabación u otros) sin autorización previa y por escrito de los titulares del copyright. La infracción de dichos derechos puede constituir un delito contra la propiedad intelectual.

El contenido de esta obra es responsabilidad del autor y no refleja necesariamente las opiniones de la casa editora. Todos los textos e imágenes fueron proporcionados por el autor, quien es el único responsable sobre los derechos de reproducción de los mismos.

Publicado por Ibukku
www.ibukku.com
Diseño y maquetación: Índigo Estudio Gráfico
Diseño de portada: Lola Caballero
Ilustración de portada: María Pía Canales
Copyright © 2020 Pia Calzá
ISBN Paperback: 978-1-64086-637-9
ISBN eBook: 978-1-64086-638-6

Índice

INTRODUCCIÓN	7
MUERTE POR ALPINISMO Y SU PROCESO DE DUELO	9
CAPÍTULO I	
Aspectos clave en la definición de muerte	13
Concepto de muerte	13
Tipos de muerte	15
CAPÍTULO II	
Aspectos clave en la definición del proceso de duelo	17
CAPÍTULO III	
Proceso de duelo por desaparición	21
CAPÍTULO IV	
Proceso de duelo por desaparición realizando alpinismo	27
Dimensión biológica	31
Dimensión psicológica	32
Dimensión social	34
Dimensión espiritual	37
CAPÍTULO V	
El caso Alfonso de la Parra	39
Descripción	39
El proceso de duelo de la esposa	41
Análisis	45
CAPÍTULO VI	
Implicación tanatológica	49
CAPÍTULO VII	
Conclusiones	53
GLOSARIO	57
BIBLIOGRAFÍA	59

A mi esposo Raúl
y a mis hijos María Pía, Matías y Raúl.

En memoria de Alfonso de la Parra.

En agradecimiento a Lenny, Santiago y Carolina.

INTRODUCCIÓN

La muerte de una persona lleva consigo un proceso de duelo que genera una serie de reacciones comunes o normales ante la pérdida. Aparece la negación que puede durar segundos o meses. Después, predomina la ira y la rabia que se manifiesta en multitud de formas, como envidia hacia los sanos entre otras. Posteriormente, se presenta una fase de pacto provisional y su consecuente depresión que indica mayor consciencia y preparación hacia la aceptación final. Estas fases presentes en un proceso de duelo pueden darse sin una secuencia definida; pero con la desaparición de una persona, el proceso de duelo se complica.

Los familiares se enfrentan a la duda y a la falta de certeza sobre el paradero de su ser querido, y aunado al intenso sufrimiento que sienten, deben dedicar sus esfuerzos y energía para encontrarlo ya sea vivo o muerto.

Los dolientes permanecen en un estado de alerta constante esperando noticias y el proceso de duelo se ve trastocado. La incertidumbre se convierte en un factor relevante mientras no existan evidencias de que la persona haya muerto o siga con vida. Esta etapa se puede prolongar hasta que se encuentra el cadáver, o se declare muerta la persona.

En el caso de los desaparecidos realizando alpinismo, a pesar de que constituyen un porcentaje de la población mundial muy pequeño, son constantes los reportes en diversos países, de este tipo de desapariciones. A algunos los encuentran después de unos días o semanas, a otros los encuentran después de meses o incluso años, y a otros tantos nunca los encuentran. Estas circunstancias hacen que sea sumamente difícil aceptar la pérdida.

Esta lectura está dirigida a las esposas, esposos, hijos, padres, hermanos, amigos y dolientes de quien desapareció realizando alpinismo; esperando que al ahondar en el entendimiento de este particular proceso de duelo, encuentren también una fuente de apoyo y esperanza.

El contenido del texto está dividido en siete capítulos. Primero, se presenta la definición de muerte y los tipos de muerte. Segundo, se revisan los procesos de duelo de acuerdo a las teorías tanatológicas, y se enfatiza en el proceso de duelo con desaparición en el capítulo III. El capítulo IV se dedica al proceso de duelo por desaparición realizando alpinismo. El capítulo V está dedicado al estudio de caso; el capítulo VI aborda las implicaciones tanatológicas en este tipo de proceso de duelo, y por último en el capítulo VII se presentan las conclusiones.

MUERTE POR ALPINISMO Y SU PROCESO DE DUELO

El proceso de duelo puede ser dividido en distintas etapas o fases que caracterizan el momento y las emociones por las que atraviesa una persona al enfrentarse a la muerte. No obstante, en el caso de una desaparición, y en especial, de una desaparición realizando alpinismo, aparecen una serie de elementos o características que cambian el proceso de duelo para los familiares y seres queridos del desaparecido.

A fin de lograr un mayor entendimiento en este sentido, el presente texto concentra su análisis en la siguiente pregunta: ¿Cuáles son las características más significativas del proceso de duelo en los dolientes de una persona desaparecida realizando alpinismo? Con el objeto de responder esta pregunta, en términos metodológicos, se explora el concepto de muerte y los distintos tipos de muerte. Se define el proceso de duelo y se precisan los procesos de duelo con desaparición como base para comprender el proceso de duelo en los familiares de personas desaparecidas haciendo alpinismo. Al explicar dicho proceso de duelo, se enfatiza sobre el impacto biológico, psicológico, social y espiritual en los dolientes.

Metodológicamente, se realiza un estudio de caso que permite analizar el fenómeno objeto de estudio en un contexto de la vida real, utilizando diversas evidencias cualitativas. Tal como señala Yin, los estudios de caso permiten que la investigación sea útil para la teoría y la práctica. Este enfoque ayuda al investigador a ubicar su posición y comprobar la teoría a través de la confirmación cualitativa. Debido a que el contexto tiende a cambiar, la raíz de esta metodología de investigación radica en el evento histórico.

Con ello en mente, para entender las posibles características más significativas del proceso de duelo en los dolientes de una persona desaparecida realizando alpinismo, se consideró apropiado presentar el estudio de caso, ya que provee información de fondo que favorece el análisis y la comprensión teórica. Para tal fin, las técnicas de recolección de información que se utilizaron, fueron entrevistas con los dolientes y revisión de noticias y publicaciones sobre la desaparición y búsqueda del alpinista.

No obstante, el estudio de casos como metodología de investigación, cae dentro de la epistemología interpretativa; por ello, la recolección de información y el proceso de análisis expuestos en el presente texto implica cierto grado de subjetividad. El proceso de duelo recae bajo la interpretación de los dolientes, e incluso las preguntas realizadas en las entrevistas, podrían haber influenciado sus interpretaciones. Por esta razón, durante el proceso de investigación para el presente trabajo se prestó particular atención para minimizar este tipo de subjetividades.

El estudio de caso que se presenta no aporta datos estadísticos, sino que está enfocado en facilitar un mayor entendimiento de una situación compleja al analizarla desde un punto de vista interno. Se aboca a los procesos de duelo de la esposa del alpinista mexicano Alfonso de la Parra, quien desapareció escalando en los Himalaya en octubre de 2006.

La relevancia de la presente lectura está enfocada en:

- Ampliar el entendimiento respecto al proceso de duelo en los dolientes de una persona desaparecida realizando alpinismo.

- Reconocer y validar el impacto biológico, psicológico, social y espiritual de los dolientes que atraviesan por este proceso de duelo.

- Ahondar en sus implicaciones tanatológicas.

- Proporcionar información sobre las instituciones que pueden prestar ayuda a los dolientes de una persona desaparecida realizando alpinismo.

- Motivar mayor investigación sobre este tema.

- Procurar, en la medida de lo posible, información que pueda brindar contención o al menos apoyo, a quien atraviesa por un proceso de duelo con estas características.

CAPÍTULO I
Aspectos clave en la definición de muerte

Con el fin de procurar una mayor comprensión de las características más significativas del proceso de duelo en los dolientes de una persona desaparecida realizando alpinismo, es importante comenzar por definir el concepto de muerte e identificar los distintos tipos de muerte.

Concepto de muerte

A pesar de que la muerte para muchos es un concepto muy claro que hace referencia al fin de la vida, es decir, o se está vivo o se está muerto; en realidad existen diversos condicionantes y acontecimientos que modifican esta percepción. Entre algunos ejemplos está la muerte relativa, en la que se puede recuperar a la persona a través de técnicas de reanimación. La muerte cerebral, o también la muerte clínica, en la que cesa la actividad cardiaca y respiratoria, los reflejos, la temperatura y otros signos vitales, y no obstante, bajo ciertas condiciones, subsisten las reacciones metabólicas de los tejidos y existe la posibilidad de un retorno a la vida.

Adicionalmente, la muerte total es aquella en la que no quedan células vivas en el organismo y en la que no hay posibilidad de volver a la vida.

Estos ejemplos explican diferentes grados o niveles en el proceso de morir, pero sólo desde la perspectiva biológica. La tanatología contempla una definición más completa. El concepto de muerte requiere:

- Estar intrínsecamente relacionado con la vida, es decir que no se puede hablar de muerte sin hacer referencia a la vida, y viceversa; y

- Considerar al ser humano en sus dimensiones biológica, psicológica, social y espiritual.

Por ello, la muerte no sólo implica la ausencia de signos vitales y el cese de la vida (dimensión biológica); la muerte conlleva emociones de temor, pérdida, dolor, sufrimiento, descanso, soledad, y paz, entre otras (dimensión psicológica). Impacta de distinta forma dependiendo la sociedad y el estilo de vida de las personas (dimensión social); e incide en el sentido de la existencia (dimensión espiritual).

Diversos autores han contribuido en este enfoque tanatológico de la muerte; entre ellos destacan: Edgar Morín, quien parte de la biología para explicar la problemática antropológica de la muerte, Ernest Becker quien profundiza en la naturaleza humana y enfatiza el vínculo entre la mortalidad y la vida, y Elisabeth Kübler-Ross considerada pionera de la tanatología, de la cual se toman sus aportaciones para reforzar el marco teórico del siguiente capítulo.

El concepto de muerte y su análisis en términos generales, o tratándose de un caso específico, tendrá entonces que tomar en consideración este enfoque integral y humanista para facilitar su comprensión.

Tipos de muerte

El concepto de muerte también puede ahondarse al identificar sus características: universal (para todos), natural (vinculada a la vida en tiempo y espacio), necesaria (contribuye al equilibrio de las especies y como parte del ciclo de la vida), cotidiana (sucede diariamente), incierta o indeterminable (no se sabe cuándo ocurrirá), única (porque todo ser vivo tendrá solo una muerte), definitiva (no se puede volver), radical (finalizan todas las capacidades de la persona), e inoportuna (generalmente llega cuando no se le necesita, ni se le espera y no se le quiere).

Diversos autores han contribuido en analizar, desglosar, detallar, aclarar y clasificar la muerte. Entre ellos destaca Louis-Vincent Thomas quien a partir del método científico plantea diversos términos de muerte. Algunos se retoman a continuación bajo la perspectiva de los factores tiempo y circunstancias de muerte.

Uno de los factores que inciden en la clasificación de la muerte es el tiempo. La muerte lenta, como en el caso de una enfermedad prolongada, será aquella que se da con un tiempo largo para poder asimilar y procesar la pérdida. La muerte súbita por su parte, llega de improviso sin síntomas previos.

A su vez, como parte de las muertes que se dan de manera súbita o repentina, otro factor que incide son las circunstancias de la muerte. En este sentido, están: la muerte natural que sucede como consecuencia de algo físico, como en el caso de un infarto; la muerte violenta por accidente o por asesinato; y la muerte por suicidio.

Otros autores también han dado su propia clasificación de la muerte; José Luis López Aranguren propone la muerte eludida (la que no se acepta y se vive como si la persona fuera inmortal), muerte negada (no se habla de ella, la persona se enfoca en otras cosas), muerte apropiada (la persona asume y se adueña de ese momento), muerte absurda (no tiene sentido), y muerte buscada (parte de las ideas de Freud acerca de que todos los seres humanos tienen un auténtico deseo de morir, y se refleja en la actitud que toman por ejemplo, los adictos a la adrenalina, entre otros).

CAPÍTULO II
Aspectos clave en la definición del proceso de duelo

Si bien el tema de la muerte ha estado siempre presente en el pensamiento humano y se ha expresado a lo largo de la historia en la literatura, el teatro, la pintura y las artes gráficas; la tanatología es más reciente y por ende, no sólo la muerte, sino el estudio del proceso de duelo desde las dimensiones biológica, psicológica, social y espiritual del ser humano antes mencionadas, también comienza a desarrollarse recientemente.

Revisar los aspectos clave en la definición del proceso de duelo desde esta perspectiva, permitirá seguir profundizando la comprensión de lo que atraviesan los dolientes en general, y en particular, de los dolientes de una persona desaparecida realizando alpinismo.

A partir de las entrevistas que realizó a cientos de moribundos en la década de los 70´s, la Dra. Elisabeth Kübler-Ross observó que, en el diálogo de sus angustias, temores y esperanzas, existían reacciones comunes. A partir de estas reacciones comunes, desarrolló las siguientes fases del proceso de duelo, las cuales indica que no sólo aplican en pacientes terminales, sino en los familiares y dolientes del moribundo o de una persona fallecida.

Primera fase: negación y aislamiento. Se caracteriza por conmoción e incredulidad, lo cual funciona para amortiguar la noticia y posteriormente permitir la recuperación. La negación sirve como la defensa natural de la persona, la cual más tarde será sustituida por una aceptación parcial. Existe regularmente al principio de una enfermedad grave o de la noticia de la muerte del ser querido y depende de cada persona hasta qué punto quiere o puede afrontar la realidad.

Segunda fase: ira. Tras la negación aparece la ira, rabia, envidia y/o resentimiento que se proyecta en todas direcciones y contra lo que rodea a los pacientes en estado crítico, o los dolientes que han perdido a un ser querido. Surge el cuestionamiento ¿Por qué yo? ¿Por qué no el otro? Al manifestar su ira, las personas experimentan alivio y esto les permite aceptar mejor su muerte.

Tercera fase: pacto. De breve duración, en esta fase el paciente o doliente muestra su deseo por prolongar la vida, o al menos reducir el dolor, pactando generalmente con Dios y en secreto, o ante un sacerdote. El premio, que puede ser la posibilidad de presenciar un evento familiar, realizar una actividad importante, o posponer de alguna manera lo inevitable, pareciera que está relacionado a una idea de buena conducta por lo cual la persona lo merece; cuenta también con un plazo de vencimiento, e implica que, si se le concede, no se pedirá nada a cambio.

Cuarta fase: depresión. El avance de la enfermedad, o las diversas cargas familiares, financieras, y afines que se han suscitado después de trascurrida la muerte del ser querido, así como sus respectivas consecuencias, contribuyen entre otras razones, a que las personas sustituyan la ira por la depresión. Cada uno a su manera, experimenta una sensación de pérdida y de tristeza.

Quinta fase: aceptación. Considerando que el moribundo o doliente ha atravesado un periodo de tiempo en el cual ha podido reaccionar de acuerdo a las fases anteriores, lo siguiente será la aceptación, una etapa relativamente tranquila, desprovista de sentimientos, sin aparente dolor.

Otros autores también definieron el proceso de duelo en etapas, que al igual que Kübler-Ross, indican que pueden darse sin una secuencia definida. Entre ellos se encuentran: Horowitz (protesta y negación, intrusión, obtención y conclusión), Parkes (desconcierto y embotamiento, anhelo y búsqueda de la pérdida, desorganización y desesperación, y reorganización y recuperación), Schulz (inicial, intermedia, y recuperación), Clark (negación e incredulidad, aceptación creciente de la pérdida, y restitución y recuperación), Martocchio (shock e incredulidad; anhelo y protesta; angustia, desorganización y desesperación; identificación; y reorganización y sustitución), y Worden, quien plantea su modelo de la siguiente manera:

Primera tarea: aceptar la realidad de la pérdida, que consiste en la aceptación intelectual o cognitiva y emocional, su contrario es la negación. Segunda tarea: trabajar las emociones y el dolor de la pérdida, es decir, vivir el dolor y permitir que las emociones sean reconocidas y expresadas, su contrario es la represión. Tercera tarea: recolocar emocionalmente al difunto y continuar viviendo, significa encontrar el lugar apropiado para el ser ausente en la historia personal y en la propia vida psicológica, requiere reconocer el crecimiento personal que generó el fallecido y así dar lugar a otras personas e intereses, su contrario es la incapacidad de amar.

Worden también plantea que, si el proceso de duelo no sigue su curso esperado y se intensifica, si de manera frecuente persisten pensamientos y recuerdos sobre la persona fallecida que conllevan a alteraciones importantes en el funcionamiento normal del doliente, y si no se puede avanzar hacia la resolución del duelo, entonces se está frente a un duelo complicado (o patológico).

Son las diversas reacciones ante la muerte de un ser querido las que exponen si la persona procesa su duelo de manera normal, o si es vulnerable al duelo patológico.

CAPÍTULO III
Proceso de duelo por desaparición

De acuerdo a los aspectos clave del proceso de duelo, se entiende entonces que, al morir una persona, los familiares y dolientes muestran diversas reacciones, que a su vez les van permitiendo atravesar las diversas etapas del duelo. Si la muerte ha sido resultado de un tipo de muerte lenta, entonces el proceso de duelo tiende a ser una experiencia que se supera de manera normal. No obstante, si la muerte ha sido súbita, el proceso de duelo generalmente se intensifica.

Cuando una persona desaparece y su cuerpo no se encuentra, la familia y los dolientes atraviesan por mayores dificultades para procesar su duelo.

Son diversas las circunstancias que pueden llevar a la desaparición de una persona. Surge la incertidumbre, la ansiedad y la vulnerabilidad en los familiares y seres queridos, quienes de manera abrupta e inmediata se ven inmersos en un proceso de búsqueda.

Dependiendo las circunstancias de la desaparición, dicho proceso de búsqueda puede variar en tiempo y condiciones. A medida que pasan los días, se acrecienta la angustia; se produce un desfase entre el tiempo cronológico y el tiempo de la familia que depende del curso de la búsqueda; y paulatinamente, la idea de la muerte va apareciendo como una posibilidad más factible.

Resulta particularmente difícil la decisión de dar por finalizada la búsqueda. Generalmente, resalta la perseverancia de los familiares quienes persisten en encontrar alguna evidencia para saber si la persona murió o sigue con vida. Es común también, que existan posturas encontradas entre los familiares y personas cercanas, respecto a finalizar la búsqueda o continuar buscando. Esto incide de manera adicional en el sufrimiento de quienes atraviesan por este proceso.

En México, el Código Civil Federal considera que deben pasar 6 años para declarar a una persona desaparecida como muerta. Esto conlleva consecuencias de tipo económico, entre otras, ya que la familia no puede cobrar herencias, seguros e incluso prestaciones sociales.

De acuerdo a lo que señala Acinas, mientras no existe una evidencia real de que la persona ha muerto, mientras no se cuente con un cadáver que lo confirme, no hay un permiso personal y social para empezar el proceso de duelo. En aquellos casos en los que no aparece el cuerpo ni ninguna otra señal de vida, dependiendo las circunstancias de la desaparición, la familia puede considerar que la persona ha muerto.

En estos casos, realizar un ritual de despedida favorece la elaboración del duelo. Respetando las costumbres culturales, religiosas y locales de la familia, un ritual de despedida da la oportunidad de dar un adiós común, de compartir públicamente la vida de quien murió y la importancia que tuvo para los que quedan; a su vez, el acompañamiento de los demás, muestra que la familia no está sola en su dolor. El apoyo que los otros puedan brindar resulta más significativo en este tipo de duelos.

Establecer algún lugar donde simbólicamente se encuentre la persona fallecida, da la oportunidad a que los dolientes expresen sobre esa roca, árbol, o lugar especial; sus ofrendas y oraciones. Elisabeth Kübler-Ross señala que los funerales y rituales de despedida acercan a la comprensión de la muerte, a la aceptación, y a valorar el tiempo que tenemos con nuestros seres queridos.

No obstante, a pesar de la realización del ritual, permanecen la incertidumbre y las ideas recurrentes sobre lo que pasó. El vacío que deja la persona fallecida, genera que los familiares y allegados se apeguen a objetos personales de su ser querido, que les cueste disponer de sus cosas, y mantengan la ilusión de que pueda volver. Por ello, el duelo se vuelve más difícil de procesar.

Derivado de la desaparición, de acuerdo a Díaz y Madariaga, se perturba también la relación afectiva entre los miembros de la familia. Entre otros ajustes, se ven obligados a reemplazar los roles de la persona desaparecida, quien usualmente es el padre o alguno de los hermanos mayores, y es usualmente la esposa y/o madre la que comienza a fungir como proveedora del sustento económico. La parentalización de algún otro hijo emerge también como un intento de ajuste y reorganización de la estructura familiar.

En el orden de las ideas anteriores, Edith Goldbeter plantea la importancia del vacío dejado por el tercero ausente. Desde su perspectiva, la desaparición de una persona deja el duelo incompleto y provoca que su lugar sea ocupado por otra persona, actividad o enfermedad, la cual, a su vez, representa la incapacidad de la familia para adaptarse a una nueva realidad. Ante esta situación, la presencia de un "tercero de peso", que puede ser un terapeuta, favorece el procesamiento emocional del duelo.

En general, la literatura acerca del proceso de duelo por desaparición se enfoca a los aspectos emocionales de la pérdida y al tratamiento psicológico. Considerando el enfoque tanatológico, que favorece la comprensión del proceso de duelo desde una perspectiva más integral y humanista, se requiere también tomar en cuenta la dimensión espiritual de los dolientes.

Sobre la base de este aspecto espiritual, al enfrentar la desaparición de un ser querido, los dolientes se enfrentan a lo que Viktor Frankl ha denominado la triada trágica: el sufrimiento, la culpa y la muerte. Estas circunstancias confrontan al doliente con su propia vulnerabilidad y lo llevan a cobrar consciencia sobre la existencia del ser humano, a cuestionar por qué sucedió la desaparición, por qué sucedió la muerte, qué sentido tuvo, para qué sucedió, por qué me tocó vivir esta experiencia, cuál es mi misión, qué hago aquí, qué hago ahora, etc. Preguntas que permiten a la persona contactar con su propia existencia y hacerse cargo de ella; es decir, darle un sentido. "La actitud con la que un hombre acepta su destino y el sufrimiento que este conlleva, la forma en que carga con su cruz, comporta la singular coyuntura -incluso en circunstancias muy adversas- de dotar un sentido profundo a su vida". (Frankl, V., 2015:97).

Estas preguntas existenciales, para algunas personas, pueden intentar responderse desde las creencias y/o la religión. Sin embargo, los siguientes ejemplos denotan que la desaparición del ser querido, en ocasiones y de diversas formas, redefine estas creencias. Los fenómenos de "aparición" en los cuales los familiares y allegados creen ver o sentir al desaparecido, reacomodan su duelo; y las condiciones trágicas de este tipo de muerte súbita pueden modificar la idea o creencia que se tiene de Dios, alejando a algunos y conteniendo a otros.

Dependiendo si el doliente encuentra sentido y sostén en el área espiritual, dependiendo también de la edad, del tipo de relación y convivencia que tenía con el fallecido, de la situación económica, de las circunstancias de la desaparición y muerte, si se recuperó el cuerpo, si tuvo pérdidas previas, antecedentes psiquiátricos en su historial de salud mental o rasgos de personalidad con tendencia a la baja autoestima y dificultad para expresar emociones, si contó con una red de apoyo familiar y social adecuada, entre otros factores personales, relacionales, circunstanciales, sociales y espirituales; será la fortaleza o vulnerabilidad que presente la persona para resolver el proceso de duelo.

La pérdida de un miembro de la familia produce necesariamente un desequilibrio. Algunos pueden ir adaptándose a la nueva situación paulatinamente; otros se resisten al cambio, congelan su duelo y no comparten su dolor ni aceptan el consuelo de los demás; en otros casos, de una manera muy personal acorde a las características de la muerte y a las circunstancias del doliente, se presenta una combinación entre ambos aspectos.

El proceso de duelo por desaparición comprende, por lo tanto, una serie de etapas que se van suscitando a medida que se atraviesan por las distintas emociones que genera primero la ausencia y posteriormente, la confirmación o resignación sobre la muerte del ser querido; y comprende también, un impacto en las áreas biológica, psicológica, social y espiritual de los dolientes.

Bajo este enfoque, se profundizará a continuación, sobre el proceso de duelo por desaparición realizando alpinismo.

CAPÍTULO IV
Proceso de duelo por desaparición realizando alpinismo

Las desapariciones de personas pueden darse por múltiples situaciones; entre ellas, por catástrofes naturales como inundaciones, torbellinos, avalanchas, tsunamis, terremotos, etc.; por actos derivados de la violencia humana como secuestros, guerras, crímenes políticos, terrorismo, etc. y aquellos que se derivan de la realización de una actividad en particular como los casos de marineros ahogados, mineros sepultados, buzos perdidos y alpinistas desaparecidos.

En México, el Código Civil Federal hace la distinción entre los individuos desparecidos al tomar parte en una guerra, o por encontrarse a bordo de un buque que naufrague, o al verificarse una inundación u otro siniestro semejante; para declarar la presunción de muerte sin que se declare previamente la ausencia de la persona. Cuando la desaparición es consecuencia de incendio, explosión, terremoto o catástrofe aérea o ferroviaria, y exista fundada presunción de que el desaparecido se encontraba en el lugar del siniestro o catástrofe, entonces se declara la presunción de muerte a los seis meses del acontecimiento.

En los demás casos, entre ellos los de desaparición realizando alpinismo, se requiere que transcurran 6 años desde la declaración de la ausencia, para que el juez declare la presunción de la muerte.

En las familias en las que uno o varios de sus miembros practican alpinismo, el tema de la muerte resulta más cercano ya que existe una consciencia sobre el riesgo que implica esta actividad. Independientemente si el alpinismo refleja la tendencia de una persona para buscar la adrenalina; o si se considera como una práctica deportiva que no incluye la búsqueda de peligros, ya que el alpinista conoce bien los riesgos de la montaña y se prepara para controlarlos o al menos minimizarlos; el hecho es que se genera una consciencia sobre estos posibles riesgos, siendo el más importante, afrontar la muerte.

Los familiares y allegados de un alpinista, están más expuestos que otras personas, a conocer sobre la importancia del entrenamiento, de los efectos de las condiciones climáticas en la montaña, de la fatiga, los retrasos en las maniobras, la incapacidad técnica, u otros factores de riesgo. Desde un punto de vista existencialista, están más en contacto con la vulnerabilidad humana, y cada familia y cada individuo al interior de la familia tiene su propia forma de manejarla.

En los días y momentos previos a la salida hacia la expedición comienza a acrecentarse esta sensación de vulnerabilidad. Debido a las características propias del alpinismo, al hecho de que llegar a las montañas más altas del mundo implica varias horas, o días de viaje; a que el ascenso requiere la aclimatación del cuerpo a la altitud, la cual se realiza ascendiendo y descendiendo por partes; debido también al grado de dificultad técnica que implica la montaña; a las condiciones geográficas y climáticas; a la los recursos destinados a la expedición; a la posibilidad de contar con medios de comunicación efectivos, entre otros factores; es usual que el contacto entre el alpinista y su familia se pierda por algunos periodos de tiempo.

A diferencia de la práctica de media o baja montaña, que se realiza a menor altitud y frecuentemente en solitario; el alpinismo comúnmente se practica en grupo. Aunque sólo uno, o unos pocos alcancen la cumbre, generalmente hay una serie de porteadores que ayudan a subir el equipo, la comida, y lo que sea necesario, hasta una altura determinada, en la que permanecen mientras se realiza la ascensión y el descenso hasta ese punto. Por ello, es común que al menos haya otra persona que escale a la par, o esté enterada de los movimientos o de la ausencia del compañero. En caso de desaparición, esa persona puede ser el punto de contacto para informar al respecto, salvo que también haya desaparecido; lo cual en su caso, deja a los porteadores o personas pendientes en el campamento a menor altura, la responsabilidad de comunicar al respecto.

A pesar de que pueda haber un desfase en el cálculo de las horas y los días en los que se tenía estimado ascender, hacer cumbre, si éste fuera el objetivo y las condiciones lo permitieran, y descender la montaña; existe un estimado del momento y lugar desde el cual se puede tener comunicación entre el alpinista y la familia. Si no hay acuerdo de tener contacto, si no hay posibilidad tecnológica de hacerlo, o si por olvido o decisión propia no hay comunicación entre ambos; en última instancia, siempre hay un sitio de reunión o un boleto de avión con fecha de regreso conocida.

Cuando ocurre la desaparición, comienzan a modificarse estos supuestos de certidumbre. Ya sea que el desfase en los tiempos de comunicación o contacto empieza a ser más grande de lo previsto; o alguna persona enterada de la desaparición se comunica y la confirma.

A partir de este punto hay un reconocimiento de la ausencia. Este hecho distingue a las desapariciones, de los casos de muerte súbita natural, violenta o por suicidio, ya que en éstos se conoce con bastante precisión el momento en que ocurre el fallecimiento y se tiene un cuerpo que permite a los dolientes, aunque de forma abrupta y repentina, iniciar su proceso de duelo.

Al no estar confirmada la muerte, la literatura tanatológica no ha precisado aún si el proceso de duelo en casos de desaparición se considera a partir del momento en que se reconoce la ausencia; si la desaparición congela o hace más lento el inicio de este proceso; si comienza en algún punto intermedio entre el reconocimiento de la ausencia y la búsqueda, entre la búsqueda y la finalización de la misma, entre la búsqueda y la presunción de muerte o recuperación del cadáver; o hasta que el doliente reconoce que su ser querido ha muerto.

Para efectos del presente texto y considerando que cada persona tiene un proceso de duelo que en su experiencia es único, diferente e irrepetible; y que en lo que respecta a las desapariciones, puede ser distinto el momento en que inicia este proceso para cada quien; a partir de las observaciones citadas en el párrafo anterior, se tomará como inicio del proceso de duelo cualquiera de las opciones mencionadas. La distinción en el caso de los procesos de duelo por desaparición, radica desde mi punto de vista, en su efecto retrospectivo. Independientemente del momento en que el doliente inicie su proceso de duelo, sus efectos serán considerados retrospectivamente desde el reconocimiento de la ausencia del ser querido.

Dimensión biológica

A partir de la desaparición, los familiares y allegados pueden tener diversas reacciones físicas, ya que el proceso de duelo afecta la dimensión biológica de la persona. Debido a que este proceso es diferente para cada quien, los síntomas varían y no todos los experimentan de la misma forma ni en el mismo orden. Asimismo, las sensaciones físicas van variando a medida que pasa el tiempo.

Es importante señalar que el duelo es la respuesta normal y saludable de una persona ante una pérdida.

Las reacciones que se dan a continuación son ejemplos del impacto físico en el doliente: ritmo cardíaco acelerado, dolores de cabeza, dificultad para respirar, mareos, fatiga, alteraciones del sueño, náuseas o malestar estomacal, pérdida o aumento de peso, hiperventilación, opresión o pesadez en la garganta o pecho.

Dimensión psicológica

Las reacciones emocionales de los dolientes cuando una persona desaparece realizando alpinismo, tienden a generar un malestar psicológico mayor a aquel que se presenta tras una muerte esperada.

Debido a que los familiares y allegados están sometidos a un nivel intenso de tensiones que se dan a partir de la desaparición y se prolongan durante la búsqueda y posterior a ella, están expuestos a una situación de extremo dolor y sufrimiento que se vive con incertidumbre. A partir del reconocimiento de la ausencia y del carácter traumático que supone, se generan sentimientos de angustia y de culpa que se entrelazan con la necesidad de adaptarse a la situación. La familia requiere desarrollar estrategias para proteger a sus miembros, pero también concentrar sus esfuerzos en la búsqueda del ser querido.

Esta búsqueda se vive con esperanza y con miedos. Al principio, la desaparición se siente como una ausencia transitoria más que como una pérdida propiamente; pero en condiciones de alta montaña, la búsqueda se convierte en una carrera contra el tiempo que va modificando esta sensación. Entre los factores de riesgo más importantes están: la prolongada exposición al frío que aumenta la posibilidad de sufrir hipotermia y morir por esta causa; la escasez de la comida y los recursos para sobrevivir; la complejidad para brindar atención médica en caso de accidente, ya que se debe proporcionar de forma inmediata, pero se contraponen el clima, las características de la montaña, la complejidad técnica que ésta implica, y la logística para ascender y posteriormente descender con un lesionado.

Debido a ello, a medida que van transcurriendo las horas y los días posteriores a la desaparición, los familiares comienzan a transitar del reconocimiento de la ausencia hacia una mayor probabilidad de muerte de su ser querido. Las fantasías de una posible supervivencia, se van volviendo más agobiantes con contenidos de hipotermia, soledad, falta de oxígeno, etc. Estas fantasías que parecen contradictorias al proceso de duelo, ya que no necesariamente van aunadas a los duelos sin desaparición; se van transformando en una resignación sobre el fallecimiento.

Tal percepción, adquiere en el plano afectivo una nueva dimensión como vivencia dolorosa y de sufrimiento. En los casos en los que no se encuentra el cuerpo, la resignación de la muerte del ser querido también conlleva una sensación de abandono, y generalmente, sentimientos de culpa y arrepentimiento.

Los consecuentes sentimientos de angustia, frustración e impotencia que experimentan los dolientes que viven un proceso de duelo por desaparición realizando alpinismo, son semejantes a aquellos por los que transitan su duelo por otros casos de desaparición (Ver Capítulo III Proceso de duelo por desaparición).

Dimensión social

Al menos en Occidente, la sociedad actual parece evadir el tema de la muerte. Culturalmente se promueve una imagen joven, y los avances en la ciencia y la medicina parecen prolongar la vida y alejar la muerte cada vez más. La tecnología ha permitido adquirir mayor precisión y previsión de los mecanismos que generan las enfermedades y de los factores que provocan accidentes. En el caso del alpinismo, son múltiples los progresos que se han tenido en el entrenamiento del cuerpo y de la mente de quienes lo practican; y en la resistencia y seguridad de los materiales, ropa y equipo que se utilizan. Ante este desarrollo, pareciera que se muere por accidente, que la muerte no es un proceso natural de la vida, sino derivado de algún error.

Esta percepción que se deriva de la dimensión social del ser humano, incide también en las áreas psicológica, física y espiritual de los dolientes. Genera una contradicción, al combinarla con los pensamientos sobre aquello que no se puede controlar, como por ejemplo el clima o una avalancha; y con preceptos y creencias, como el poder de Dios para dar y quitar la vida, o la idea que "todos tenemos un día y una hora para nacer y otra para morir".

Asimismo, es importante señalar que, a diferencia de otras actividades, en el medio de quienes practican alpinismo, existe una mayor consciencia sobre la importancia de cuidar la vida y cuidar al otro. Con frecuencia, la precisión de los movimientos y acciones que haga uno, están directamente relacionados con la vida del otro; ponen en manos de sus compañeros su propia supervivencia y viceversa.

Por ello, al darse la desaparición de un alpinista, se resiente la noticia en el medio de quienes practican esta actividad. Debido a que cada persona es distinta y puede reaccionar de diversas maneras; algunos podrán tener pensamientos similares a los originados por el síndrome del sobreviviente, que se da como resultado del impacto entre el sentimiento de culpa y la sensación de tranquilidad por haber sobrevivido; pero otros, especialmente los alpinistas que compartieron la experiencia de montaña con el desaparecido, tienden a ser empáticos y solidarios con la familia y allegados de su compañero ausente.

Esta red de apoyo se vuelve particularmente importante en la etapa de la búsqueda, ya que sólo otros alpinistas, como aquellos que asignan las instituciones de los países que cuentan con montañas de gran altitud para realizar labores de rescate alpino, y los alpinistas cercanos a la persona desaparecida; son en los que podría recaer la posibilidad y responsabilidad de efectuar dicha búsqueda.

Adicionalmente, su comprensión del alpinismo, su perfil de personalidad resistente acorde a esta actividad, y el hecho de haber compartido esta práctica con la persona desaparecida; coloca a los compañeros alpinistas en una posición significativa para brindar acompañamiento y apoyo a los dolientes.

Al incurrir en un proceso de búsqueda, también se gestionan diversos trámites con la autoridad gubernamental del país de residencia del alpinista desaparecido y en su caso, con las autoridades del país en el cual tuvo efecto la desaparición. La percepción que el doliente tenga sobre los factores sociales y políticos del país de residencia y del otro país en cuestión, también pueden incidir en las reacciones de los dolientes. La confianza en las autoridades, la eficiencia gubernamental y su capacidad de respuesta, entre otros elementos, influyen en este aspecto. Si las autoridades complican o facilitan las gestiones legales, logísticas, administrativas o de otra índole que atañen a la desaparición, será motivo para agravar o aligerar la angustia del proceso de duelo.

Asimismo, dependiendo si la desaparición se hace pública o no, la participación de los medios de comunicación puede ejercer influencia en los dolientes. El proceso de recabar la información, la forma de transmitir la noticia y el impacto que genera, conlleva diversas implicaciones. Al recabar la información, permite que el entrevistado genere una narrativa de lo sucedido, que lo hace contactar con la pérdida y el duelo. No obstante, la forma de aproximarse para obtener la noticia, si se hace de manera respetuosa, o irrumpiendo en la intimidad de la familia, por mencionar algunos ejemplos, puede también repercutir en las reacciones y emociones de los dolientes. Al transmitir la noticia, no es lo mismo que los medios se aboquen a informar de manera veraz y oportuna, a que tiñan la información de manera sensacionalista. Entre los impactos que puede producir, está en lo individual, la vulnerabilidad que genera estar expuesto ante los demás; y en lo colectivo, la capacidad de alcanzar grandes y diversas audiencias, abre la oportunidad para que la información llegue a los tomadores de decisiones que facilitan o hacen posible la logística, los recursos, y el apoyo, que se necesita al momento de realizar la búsqueda o de gestionar los diversos trámites que comprende una desaparición.

Dimensión espiritual

Adicionalmente a lo mencionado sobre la dimensión espiritual de los dolientes que atraviesan un proceso de duelo por desaparición (ver capítulo III), en las familias en las que al menos uno de sus miembros practica alpinismo, es frecuente que estén familiarizados a que sea la montaña el medio para contactar lo espiritual.

Tratándose del proceso de duelo, también la montaña puede ser el lugar para que los dolientes intenten responder sus preguntas existenciales. Dependiendo el tipo de respuestas y de la consciencia que se tenga de ellas, podrán dar nuevo o distinto sentido a la desaparición, al duelo, y en última instancia a su propia existencia. Quizá esto implique profundizar en el enojo o en la depresión, o tal vez en la aceptación de la muerte del ser querido.

Realizar el ritual de despedida en la montaña, permite que éste sea una especie de templo natural en el cual honrar la vida del esposo o esposa, padre, hermano, hijo o amigo que perdió la vida realizando alpinismo.

El estudio de caso del Capítulo V, su implicación tanatológica en el Capítulo VI y las conclusiones del capítulo VII, están encaminados a ampliar y profundizar el entendimiento de las características del proceso de duelo por desaparición realizando alpinismo, proponiendo también nuevas premisas de análisis.

CAPÍTULO V
El caso Alfonso de la Parra

Descripción

Alfonso de la Parra, alpinista mexicano, era uno de los dos hijos menores, mellizo, de los cuatro hijos que procrearon sus padres; casado con Lenny Quintana y padre de Santiago y Carolina, quienes al tiempo de la desaparición tenían 11 y 8 años respectivamente.

Alfonso se dedicó desde muy chico a subir a la montaña, obteniendo gran experiencia y múltiples logros, entre ellos convertirse en el tercer mexicano en alcanzar la cumbre del Monte Everest. En octubre de 2006, a sus 44 años, junto con Andrés Delgado, también experimentado alpinista mexicano, escalaron juntos el Changabang, montaña del Himalaya de 6,864 metros de altura situada en la India, y caracterizada por ser especialmente escarpada y rocosa.

El último contacto que se tuvo con él fue el 13 de octubre, cuando momentos después de haber hecho cumbre, se comunicó vía teléfono satelital con su esposa. Debido al cambio de horario con la India, ya que en México era la madrugada; Lenny y Alfonso acordaron que él se comunicaría unos minutos más tarde, para darle tiempo a Lenny de despertar a sus hijos y que pudieran saludar a Alfonso por teléfono. Esa segunda llamada nunca se dio.

Al ver que no llegaban, los porteadores avisaron a la oficina de enlace, la cual se comunicó con los padres de Andrés, y éstos a su vez con Lenny.

Alpinistas mexicanos junto con equipos de rescate de la India realizaron una intensa búsqueda durante varios días por aire y por tierra, un esfuerzo de coordinación sin precedentes en México, ni en la historia de búsquedas en los Himalayas. La red social primaria (familia y amigos), secundaria (compañeros alpinistas, entre otros) e institucional (instituciones gubernamentales de México y de la India) ayudó cada una a su manera brindando apoyo emocional, material, logístico, etc.

Diversos medios de comunicación fueron contactados para difundir la noticia de la desaparición y así poder influenciar, a través de la opinión pública, a las instituciones y a los responsables de facilitar el proceso de búsqueda. Al no tener resultados favorables, ésta fue suspendida el 8 de noviembre. Se les dio por muertos, suponiendo que quedaron sepultados por un alud.

Los rescatistas pudieron recuperar una cámara de fotos de Andrés Delgado, el pasaporte de Alfonso de la Parra, un poco de equipo de escalada y ropa. La esposa de Alfonso se quedó con algunas cosas, enterraron otras y les repartió algunas a sus hijos.

Se realizaron misas posteriores a la finalización de la búsqueda, y un año más tarde la familia viajó a la India para realizar frente al Changabang, un ritual de despedida.

El proceso de duelo de la esposa

Al estar casada con un alpinista, Lenny estaba acostumbrada a que su esposo partiera de viaje a sus distintas expediciones, no obstante, al entrevistarla menciona que en esa ocasión fue distinto. Sintió mucha tristeza y no se explicaba cuál era el origen de la misma. Su manera de manejar las emociones derivadas del riesgo que implicaba la actividad que realizaba su esposo, consistía en mantenerse un poco al margen de los detalles de las expediciones. A raíz de su inusual tristeza, días antes de que se fuera Alfonso, platicaron al respecto. Ella no quería que él la viera triste, no quería apegarlo, sino transmitirle que tenía la libertad de irse. Su matrimonio en ese momento era muy sólido.

"Se fue en un momento de nuestro matrimonio donde nada quedó pendiente, el mejor momento de mi matrimonio".

Tuvieron una comida de despedida con amigos y al día siguiente Alfonso partió a su expedición. Durante su viaje, mantuvieron comunicación, aún en la montaña, ya que Alfonso y Andrés contaban con un teléfono satelital.

Dos días antes de que tuvieran su última comunicación, Lenny y sus hijos enfrentaron la muerte del perro de Alfonso. Fue una muerte súbita, ya que fue atropellado, y esta experiencia los colocó en un proceso de duelo justo antes de la desaparición de Alfonso.

Al haber alcanzado la cumbre, Alfonso llamó a su casa y platicó con Lenny. Quedó de volver a llamar unos minutos más tarde para poder hablar con sus hijos y no llamó. Lenny intentó comunicarse algunas veces, pero asumió que el teléfono de Alfonso se había quedado con la batería descargada.

Pasó el tiempo en que tenían que haber regresado al campamento base y no lo hicieron. Al reconocerse la ausencia, la red de apoyo se convirtió en un elemento fundamental para Lenny.

Red social primaria: Los padres de Lenny proporcionaron contención y cuidaron a los hijos; los hermanos de Alfonso, su amigo y socio, la familia de Andrés Delgado y otros amigos, brindaron apoyo emocional, y permitieron el intercambio y la expresión de sentimientos; pero sobre todo, bajo la coordinación de un equipo de reconocidos alpinistas mexicanos, entre ellos Carlos Carsolio, Elsa Ávila y Héctor Ponce, se encargaron del proceso de búsqueda.

Red social secundaria: Diversos alpinistas intervinieron con sus conocimientos técnicos y/o en llevar a cabo la búsqueda, allegados de la familia orientaron respecto al contacto con los medios de comunicación; un maestro en el área espiritual dio guía y contención; y diversas personas estuvieron involucradas en brindar apoyo material, logístico, de asesoría y acompañamiento.

Red social institucional: La Secretaría de Relaciones Exteriores, la Embajada de México en la India, las autoridades gubernamentales de la India, su Fuerza Aérea, la Policía Fronteriza Indo-Tibetana, entre otras instituciones participaron en las acciones de búsqueda; las empresas de televisión mexicana, estaciones de radio, periódicos, revistas, medios impresos y digitales en México, difundieron las noticias de la desaparición e influyeron en la opinión pública y en los responsables de facilitar las gestiones vinculadas a la desaparición.

A fin de proteger a sus hijos, ante la incertidumbre de la ausencia y del destino de su padre, Lenny les fue dosificando la información: en un principio al no tener noticias, cuidó que no se enteraran; al pasar unos días de ausencia, les informó que no encontraban a su papá, que lo estaban buscando; después les fue compartiendo detalles de la búsqueda, conteniéndolos, hasta que tuvieron que asumir en familia que Alfonso había muerto.

"Había muchas cosas que había que darle frente, que no vieran la tele, que no oyeran noticias… el proceso de buscar fue importante, el momento de la aceptación fue cuando dejaron de buscar".

Físicamente tenía problemas para comer, que posteriormente le acarrearon complicaciones de hipoglucemia.

Se realizaron unas misas en las que la familia pudo compartir su pérdida y recibir el acompañamiento de sus allegados; también realizaron una ceremonia en un lugar especial para Alfonso en el que enterraron algunas de sus cosas; y al año de su muerte viajaron a la India, donde frente al Changabang hicieron un ritual de despedida.

Durante su proceso de duelo, Lenny no reportó haber sentido culpa, sino una enorme tristeza, y a pesar de ésta, tuvo que adaptarse para ir cubriendo los roles que anteriormente tenía Alfonso.

"Tenía que estar llorando y andando, nunca había sido proveedora, tenía un paquete de responsabilidad enorme; me encerraba en el closet para que los niños no me vieran llorar, diciendo -ayúdame Dios mío porque no puedo-".

Esta responsabilidad hizo que se enfocara en salir adelante, en guardar emociones en su proceso de duelo, el cual años más tarde volvió a resurgir. A raíz de problemas metabólicos y de la formación que estaba realizando en terapia psicocorporal, volvió a abrir su duelo en una segunda etapa o momento de su vida, contactando con la tristeza y el enojo que había guardado.

"Estaba muy enojada con él, fue egoísta, se largó… tenía una gran tristeza, para donde volteaba me daba cuenta de que lo extrañaba, pasé días llorando, hasta que se fue drenando y empecé a sentirlo cerca".

Sesiones de terapia en este segundo momento y el crecimiento espiritual que había desarrollado, ayudaron a que Lenny pudiera terminar de aceptar la muerte de Alfonso y concluir su proceso de duelo.

Análisis

Si se toma en consideración, como se mencionó anteriormente, que el duelo es la respuesta normal y saludable de una persona ante una pérdida; antes de recibir la noticia de la desaparición de Alfonso, Lenny ya estaba experimentando elementos de duelo que sutilmente amortiguaron el inicio de su proceso de duelo. El conocimiento de los riesgos a los que estaba sujeto Alfonso, aún si no eran de manera detallada; la tristeza anticipada que sintió de manera previa a la expedición; y el proceso de duelo por el perro; ya la habían colocado en una posición de mayor contacto con su vulnerabilidad.

A diferencia de otros procesos de duelo en los que no hay un referente de desaparición y la noticia de la muerte va junto con la certidumbre de un cuerpo y una fecha y hora de muerte conocida; el tiempo dedicado a la búsqueda de Alfonso se vivió con miedos, esperanza e incertidumbre, prolongando la etapa inicial del proceso de duelo. La resignación sobre su fallecimiento se dio para Lenny cuando se da por terminada la búsqueda.

Desde que se reconoció la ausencia de Alfonso, Lenny desarrolló estrategias para proteger a sus hijos al tiempo que concentraba sus esfuerzos en la búsqueda de su esposo. Se encargó de dosificar la información que sus hijos recibían y asegurarse que estuvieran contenidos por los abuelos, mientras ella se mantenía involucrada en la logística de la búsqueda y en difundir la noticia a los medios de comunicación.

Las redes sociales primaria, secundaria e institucional fueron particularmente importantes en la etapa de búsqueda. La confianza depositada por Lenny en los compañeros alpinistas, en la familia, en los amigos, y en las autoridades; el acercamiento respetuoso que recibió por parte de los medios de comunicación y la forma cuidadosa en la que transmitieron la información; su entendimiento de que fue una búsqueda sin precedentes; influenciaron en aligerar su angustia. Se redujo una potencial percepción de que no se hubiera hecho todo lo necesario o posible para rescatar a su esposo.

El apoyo y acompañamiento que recibió Lenny durante la etapa de la búsqueda; haber estado en el mejor momento de su matrimonio, sin tener pendientes y sin sentirse culpable; y la realización de las misas, ceremonias y rituales de despedida; favorecieron un primer cierre de su proceso de duelo. No obstante, y a diferencia de otros casos sin desaparición, el shock que genera este tipo de muerte, el hecho de tener que "estar llorando y andando", de convertirse en proveedora y tomar roles que había dejado Alfonso, entre otras causas; provocaron que su proceso de duelo quedara inconcluso y se reabriera años más tarde.

En sus dimensiones biológica, psicológica, social y espiritual, Lenny todavía tenía que atravesar por procesos de cierre. En su caso, en la segunda etapa o momento del proceso de duelo que tuvo años más tarde; la consejería tanatológica que obtuvo a través de sus sesiones de terapia; la posibilidad de contactar con la tristeza y el enojo que aún guardaba; y el reacomodo de emociones y sentimientos que realizó, desde un mayor autoconocimiento debido a los estudios psicocorporales que emprendió y al crecimiento espiritual que desarrolló; le permitieron transitar hacia la aceptación de la muerte de Alfonso.

Esta etapa de aceptación para Lenny, coincidió con lo expresado por Kübler-Ross quien al respecto de esta fase indica que, el destino ya no deprime ni enoja.

En contraste con otros duelos por muerte lenta, o incluso con aquellos por muerte súbita en los que sí contaron con un cuerpo para enterrar, Lenny necesitó más ayuda, tiempo y comprensión para recorrer su proceso de duelo.

CAPÍTULO VI
Implicación tanatológica

Es importante mencionar que el proceso de duelo para cada persona es distinto. De acuerdo a lo revisado hasta ahora, cuando se reconoce la ausencia de un ser querido que estaba realizando alpinismo, los dolientes prolongan la parte inicial de su proceso de duelo. La etapa de la búsqueda incide en las reacciones físicas, psicológicas, sociales y espirituales de los dolientes, quienes se enfrentan a un proceso con gran sufrimiento y con alta probabilidad de convertirse en un duelo complicado o patológico.

Ante estas circunstancias, es importante mencionar que la labor del tanatólogo será distinta dependiendo, entre otros factores, del momento en que se encuentre el doliente dentro de su proceso de duelo. Podrá servir de "apoyo" realizando acciones concretas, de forma altruista, como ayudar en alguna tarea cotidiana o proporcionar algún teléfono de utilidad; podrá llevar a cabo la labor de "acompañamiento" estando con la familia, desde la familia, en la familia y para la familia, entendiendo sus necesidades y brindándoles una atención de calidad, calidez, respeto, cariño y compasión; y/o podrá también ofrecer "consejería" tanatológica, esto es: ayudar a los dolientes a hacer real la pérdida, a que identifiquen y expresen sus sentimientos, a que puedan vivir sin el fallecido, a que encuentren un lugar diferente en su vida para el ser querido que han perdido, a darles tiempo para elaborar el duelo, a que identifiquen las conductas que son normales en este proceso, a respetar que estas conductas pueden ser diferentes para cada persona, a que examinen sus defensas y estilos de afrontamiento, en darles apoyo continuo a lo largo de los periodos críticos, identificar trastornos y derivar en su caso al psicólogo, psiquiatra o profesionista de la salud especializado.

Al conocer y entender el tema de la muerte, el tanatólogo podrá facilitar en los dolientes la elaboración de su duelo. En los casos de muerte por desaparición realizando alpinismo, su intervención será particularmente importante en los siguientes casos:

- Durante la etapa de la búsqueda en la cual los dolientes enfrentan un proceso contradictorio, al fluctuar entre la esperanza de la supervivencia y la posibilidad real de la muerte.

- Al dar por terminada la búsqueda, ya sea que se encuentre o no el cuerpo.

- Al definir y planear el ritual de despedida dependiendo las costumbres culturales, religiosas y locales de la familia, permitiéndoles compartir socialmente su dolor y recibir apoyo de sus seres queridos.

- En momentos especiales o críticos para los dolientes, como al tercer mes, en el primer aniversario, vacaciones o cumpleaños.

- Durante momentos de dificultad reportada por los dolientes, en los que estén acentuados sentimientos de negación, ira, depresión u otro, que bloqueen la elaboración del duelo dentro de un periodo de tiempo normal (aproximadamente uno o dos años) y se requiera por ende, referir con un profesionista que brinde terapia o tratamiento específico.

El duelo acaba cuando la persona es capaz de pensar en el fallecido sin dolor, puede incorporar naturalmente la muerte como parte de la vida, y superar la pérdida.

CAPÍTULO VII
Conclusiones

La revisión del concepto de muerte, de los distintos tipos de muerte, del proceso de duelo, del proceso de duelo por desaparición, y en particular del proceso de duelo por desaparición realizando alpinismo, junto con el análisis del caso Alfonso de la Parra; permitieron responder la pregunta planteada al inicio del presente texto, reconociendo las características más significativas del proceso de duelo en los dolientes de una persona desaparecida realizando alpinismo.

- En este sentido, una muerte por desaparición, es un tipo de muerte súbita con un fuerte impacto biológico, psicológico, social y espiritual en los dolientes. A diferencia de la duración de un proceso de duelo normal, como los planteados por Kübler-Ross, Parkes, Schulz, Clark y Martocchio, que oscila entre uno o dos años; en los casos de muerte súbita por desaparición realizando alpinismo, los dolientes enfrentan circunstancias complicadas que tienden a dificultar y prolongar la elaboración del duelo.

- Aunque el proceso de duelo es distinto para cada persona, en estos casos, la parte inicial de dicho proceso se prolonga, debido al tiempo que el doliente tarda en reconocer la ausencia del ser querido, en que se pueda llevar a cabo su búsqueda, y de realizarse, si se logra o no encontrar el cuerpo.

- La etapa de la búsqueda incide en las reacciones de los dolientes, quienes se enfrentan a un proceso con gran sufrimiento, acorde a las descripciones de Worden porque no sigue su curso esperado y se intensifica; y que, por ende, tiene una alta probabilidad de convertirse en un duelo complicado o patológico.

- Generalmente en este tipo de casos es necesario que los miembros de la familia no sólo reciban consejería tanatológica, sino que acudan también con un psicólogo o psiquiatra que los pueda ayudar en su proceso de duelo.

- La red social primaria, secundaria e institucional son particularmente significativos para los dolientes que enfrentan la desaparición de un ser querido que realizaba alpinismo. A diferencia de otros duelos por desaparición, la red social no sólo brinda apoyo, cuidado y contención; sino que, en los amigos alpinistas, los allegados y personas con conocimientos y experiencia en alpinismo, así como en las instituciones gubernamentales, y en su caso, en la influencia de los medios de comunicación; recae parte importante de la posibilidad, gestión y realización del proceso de búsqueda en la montaña.

- Los recursos de ayuda y apoyo de la red social son sustanciales para que los dolientes puedan procesar la situación, disminuir la complejidad que ésta conlleva, expresar sus sentimientos, desprivatizar el dolor, y sentirse acompañados.

- Dependiendo el lugar de residencia del alpinista desaparecido, la red social institucional a la que podrán acudir sus familiares, comprende entre otras: La Secretaría de Relaciones Exteriores, Ministerio del Exterior o su equivalente; la embajada del país de residencia y/o de nacionalidad del alpinista desaparecido en el país en el que tuvo efecto la desaparición; las autoridades gubernamentales de dicho país; su centro de rescate alpino o equivalente; y en caso de considerar la difusión de las noticias correspondientes como posible influencia en la opinión pública y en los responsables de facilitar las gestiones vinculadas a la desaparición, entonces también podrán acudir a las empresas de televisión, estaciones de radio, periódicos, revistas, medios digitales e impresos del país de residencia y/o nacionalidad del alpinista, y/o aquellos de alcance internacional.

- Al no estar confirmada la muerte, y debido a que la literatura tanatológica no ha precisado aún el momento en el que inicia el proceso de duelo en casos de desaparición, se propuso, considerando que cada persona tiene un proceso de duelo que en su experiencia es único, diferente e irrepetible; que se tome indistintamente como inicio del proceso de duelo: el momento en que se reconoce la ausencia, algún punto intermedio entre el reconocimiento de la ausencia y la búsqueda, entre la búsqueda y la finalización de la misma, entre la búsqueda y la presunción de muerte o recuperación del cadáver, o hasta que el doliente reconoce que su ser querido ha muerto. Independientemente del momento en que el doliente inicia su proceso de duelo, se planteó que sus efectos fueran considerados de manera retrospectiva desde el reconocimiento de la ausencia del ser querido. Se sugiere mayor investigación en este sentido con la finalidad de explorar si este planteamiento se puede confirmar, ampliar o modificar en otros casos de desaparición.

- Asimismo, se considera apropiado complementar los estudios de caso de procesos de duelo por desaparición realizando alpinismo, incluyendo el análisis del proceso de duelo en los diversos miembros de la familia, amigos y allegados; así como el impacto generado por la participación de las diversas instituciones, terapeutas, y miembros de la red social primaria, secundaria e institucional que apoya al doliente.

- El proceso de duelo de quien atraviesa la desaparición de un ser querido al realizar alpinismo se da bajo circunstancias y características particulares; es importante que los tanatólogos, personal de salud, terapeutas, guías espirituales y todo aquel que brinde apoyo y acompañamiento a los dolientes, comprendan las particularidades de este proceso de duelo, a fin de aminorar la angustia y el sufrimiento de quienes lo viven, de facilitar su aceptación final, y contribuir en que puedan vivir cómodamente a pesar de la ausencia.

GLOSARIO

Alpinismo: "Es un deporte que implica la ascensión en altas montañas; también denominado como montañismo y andinismo, el alpinismo es entonces una práctica deportiva en la cual convienen técnicas, conocimiento y habilidades, todas ellas orientadas al fin último que es alcanzar el punto más alto de la montaña en cuestión". (Definición ABC 2018: alpinismo)

Consejería tanatológica: "Es una estrategia práctica para realizar intervenciones breves pero profundas, para reflexionar sobre el concepto, los límites, los actores del proceso; y finalmente plantear una metodología de trabajo". (Instituto Mexicano de Tanatología 2016:338).

Doliente: Que padece una enfermedad o dolor, o se queja de ello. Pariente o allegado del difunto. (Word Reference 2018: doliente)

Duelo: "Sentimientos, reacciones y cambios que ocurren durante el proceso de cicatrización de una herida (psicológica) por la pérdida de algún ser querido". (O'Connor 1990, citado por Instituto Mexicano de Tanatología 2016:16).

Muerte: La definición de muerte en Occidente es el término de la vida. Todos los seres vivos nacen y mueren; no obstante, históricamente el concepto de muerte se ha diversificado. Antiguamente, el momento en que una persona moría era cuando dejaba de respirar y su corazón dejaba de latir. A medida que avanzó la ciencia y la medicina, se entendió a la muerte más allá de un momento en el tiempo, sino como un proceso irreversible. Desde el enfoque humanista-existencial de la tanatología, que considera al ser humano desde sus dimensiones biológica, psicológica, social y espiritual, la muerte puede entonces ser estudiada bajo estos mismos criterios.

Red social: "(…) es un conglomerado de individuos que se reúnen en un lugar y momento determinados con el fin de organizar más estrechamente las relaciones y lograr todo el apoyo que se necesita para la adaptación social". (Speck y Rueveni 1975, citado por Madariaga, C et al 2003:13).

Tanatología: Del origen griego *thanatos*, muerte, y *logos*, estudio o tratado (estudio o tratado de la muerte), la tanatología estudia de manera interdisciplinaria, la muerte, el proceso de morir y sus manifestaciones en el ser humano, ya sea en enfermos terminales o en familiares y dolientes, a fin de facilitar una muerte digna y disminuir el sufrimiento y el dolor que provoca.

BIBLIOGRAFÍA

- Acinas, P. (2012) **Duelo en situaciones especiales: suicidio, desaparecidos, muerte traumática.** Revista Digital de Medicina Psicosomática y Psicoterapia Vol. 2, No. 1, Pp. 1-17. En http://www.psicociencias.com/pdf_noticias/Duelo_en_situaciones_especiales.pdf Consulta 17-01-2018

- Becker, E. (2000) **La Negación de la Muerte.** Editorial Kairós. España. En http://www.academia.edu/9918279/La_negacion_de_la_muerte_-_Ernest_Becker Consulta: 11-01-2018

- Bonete Perales, E. (2008) **Aranguren: sentido ético de la muerte.** Revista de la Asociación de Hispanismo Filosófico n.º 13: 75-89 En http://www.cervantesvirtual.com/buscador/?q=aranguren%3A+sentido+%C3%A9tico+de+la+muerte Consulta: 12-01-2018

- Calzá, P. (2018) **Entrevista a Lenny Quintana.** Archivo M4A (.m4a)

- Código Civil Federal (vigente 2018) **De la presunción de muerte del ausente.** Capítulo V, artículo 705. En https://mexico.justia.com/federales/

codigos/codigo-civil-federal /libro-primero/titulo-undécimo/capitulo-v/#articulo-705 Consulta: 17-01-2018

- Definición ABC (2018) **Alpinismo.** En https://www.definicionabc.com/deporte/ alpinismo.php Consulta 7-02-2018

- Díaz, D. y Madariaga, C. (1993) **Tercero ausente y familias con detenidos desaparecidos.** Ed. CINTRAS, serie de monografías No. 10. Chile. En http://www.cintras.org/textos/monografias/monografia10.pdf Consulta: 15-01-2018

- Díaz Curiel, J. (2011). **Estudio de variables asociadas a la psicoterapia grupal en los procesos de duelo patológico.** Revista de la Asociación Española de Neuropsiquiatría, 31(1), 93-107 En http://www.revistaaen.es/index.php/aen/article/view/16120/15977 Consulta: 15-01-2018

- Frankl, V. (2011) **Logoterapia y Análisis Existencial.** Ed. Herder 2ª. edición, 2ª. impresión. España.

- Frankl, V. (2015) **El Hombre en Busca de Sentido.** Ed. Herder 3ª. edición, 1ª. impresión. España

- García Hernández, A. (2010) **La pérdida y el duelo: Una experiencia compartida (1).** Sociedad Española e Internacional de Tanatología. México.

- Goldbeter-Merinfeld, E. (2003) **El duelo imposible. Las familias y la presencia de los ausentes.** Editorial Herder. España.

- Instituto Mexicano de Tanatología A.C. (2016) **¿Cómo enfrentar la muerte?** Ed. Trillas. 3ª. edición, reimpresión enero. México.

- Krakauer, J. (2008) **Mal de altura.** Editorial Desnivel. España.

- Kübler-Ross, E. (2016) **Sobre la Muerte y los Moribundos.** Penguin Random House Grupo Editorial, S.A. 2ª. Edición, 8ª. reimpresión. México.

- Kübler-Ross, E. (2016) **Una Luz que se Apaga.** Editorial Pax. 1ª. edición. México

- Lawler III, E. y otros (1985) **Doing Research That is Useful for Theory and Practice.** En https://babel.hathitrust.org/cgi/pt?id=mdp.39015071886761;-view=1up;seq=9 Consulta: 8-01-2018. P.230-248

- Madariaga, C. et al. (2003) **Redes sociales: infancia, familia y comunidad,** Ed. Universidad del Norte. Colombia. En http://revista-redes.rediris.es/webredes/textos/ infancia.pdf Consulta: 25-01-2018

- Morin, E. (1974) **El Hombre y la Muerte.** Editorial Kairós. España. En https://kupdf.com/

download/el-hombre-y-la-muerte-edgar-morinpdf_59cb0d0408bbc58549686efd_pdf Consulta: 11-01-2018

- Ramos, H. y González, A (2015) **La personalidad de los deportistas de montaña.** Blog de Ciencia y Montaña. En https://os2o.com/blog/la-personalidad-de-los-deportistas-de-montana Consulta: 18-01-2018

- Thomas, L. (1991) **La Muerte.** Ediciones Paidos. 1ª edición. España.

- Word Reference (2018) **Doliente.** En http://www.wordreference.com/definicion/doliente Consulta: 7-02-2018

- Worden, W. (2004) **El tratamiento del duelo: Asesoramiento psicológico y terapia.** Ediciones Paidós Ibérica S.A. España.

- Yin, R. (1994) **Case Study Research: Design and Methods.** En https://panel.inkuba.com/sites/2/archivos/YIN%20ROBERT%20.pdf

www.ingramcontent.com/pod-product-compliance
Lightning Source LLC
LaVergne TN
LVHW041544060526
838200LV00037B/1127